# ONLINE MARKETING GRUNDLAGEN

## WIE ONLINE PRODUKTE VERKAUFT WERDEN

Erste Auflage 2022

© 2022 Heiko Boos

Alle Rechte vorbehalten

# INHALT

Einleitung .................................................................. 1

Das Design Ihrer Website ................................................ 3

Die wichtigste Aufgabe, die Ihr Webauftritt erfüllen muss
.................................................................................. 8

Den richtigen Preis wählen ............................................ 15

Die Lösung zum Problem anbieten ................................ 20

Bestehenden Kunden pflegen ........................................ 23

Was ist Ihr USP ........................................................... 25

Kontaktdaten einfach finden .......................................... 27

Kundenstimmen – Warum? ............................................ 30

Wer trägt das Kaufrisiko? .............................................. 32

Welche Zahlungsmöglichkeiten bieten Sie an? ............... 35

Qualität oder Quantität? ................................................ 38

Produkte alleine verkaufen ............................................ 41

Von Konkurrenten lernen .............................................. 43

Sehen Ihre Anzeigen wie Anzeigen aus? ....................... 45

Bezahlen Sie für jede Werbung? .................................... 48

Zeitmanagement .......................................................... 50

Zielgruppengerechte Werbung ...................................... 52

Produktpalette regelmäßig erweitern ............................. 55

Frontend, Backend – was soll das? ............................... 57

Der Experte auf Ihrem Gebiet? ..................................... 60

Produkte und Dienstleistungen tauschen ...................... 62

Bestellvorgang so einfach wie möglich halten ............... 65

Interessenten ausreichend Informationen geben ........ 70
Prägnante Domain wählen ............................................... 72
Was ist Ihre Nische - Haben Sie sich spezialisiert? ..... 74
Newsletter anbieten ......................................................... 79
Versprechen einhalten ..................................................... 80
Schlusswort ...................................................................... 84

# Einleitung

Sicherlich kennen Sie das Problem: Sie haben monatelang an Ihren Webseiten gearbeitet, aber nachdem Sie endlich „LIVE" sind, haben Sie zwar Dutzende oder gar Hunderte von Besuchern, aber keine Käufer.

Woran liegt das und wie können Sie das ändern?

Diesen beiden Fragen möchte ich in diesem Buch nachgehen und Ihnen Tipps geben, wie Sie die Performance Ihrer Webseiten wesentlich erhöhen können, indem Sie grundlegende Marketingprinzipien berücksichtigen. Der Goldrausch im Internet ist für die großen Firmen vorbei, aber jetzt kann die Zeit für Sie gekommen sein!

Die dahinterstehenden Prinzipien habe ich durch das Studium der Standardwerke bedeutender amerikanischer Marketing-Experten gewonnen. Diese Prinzipien setze ich bereits seit Jahren auf meinen eigenen englischsprachigen Domains ein, und diese bekommen sehr viel Traffic.

Das Internet gibt auch „dem kleinen Mann" die Möglichkeit, ein lukratives Geschäft direkt von zu Hause aus aufzubauen. Wenn Sie es richtig anstellen, können Sie durchaus mit den großen, millionenschweren Firmen mithalten. Denn im Internet verschwindet dieser monetäre Unterschied und mit den richtigen Marketing-Strategien sind alle Wege zu hohen Gewinnen offen. Nicht länger sind Sie regional beschränkt und können somit, mit Hilfe des Internets, weltweit anbieten.

Persönlich konzentriere ich mich auf die Vermarktung und Produktion von digitalen Produkten, da dies die Zukunft ist. Denn warum sonst geht man ins Internet, wenn nicht, um Informationen zu finden? Die meisten gehen nicht online, um etwas zu kaufen, sondern um eine Lösung für ihre Probleme zu finden. Unsere Aufgabe als Marketing-Experten ist es, diese Probleme zu erkennen und Lösungen dafür anzubieten.

Dies ist eines der wichtigsten Prinzipien im Marketing: Probleme suchen, erkennen, Lösungen bieten. Diese Lösungen können Sie in vielen verschiedenen Formaten anbieten. Sei es als eBook (wie Sie es jetzt vor sich haben), als Audio-Interview oder als Videoaufzeichnung. Bieten Sie Lösungen und das Geld wird automatisch folgen.

Sie sollten sich dabei auf „Ihr" Spezialgebiet konzentrieren und alles lernen und „in sich aufsaugen", was für das Weiterkommen in Ihrem Bereich wichtig ist, um auch in Zukunft an der Spitze Ihrer Nische zu stehen.

## Das Design Ihrer Website

Das Design selbst spielt für den Erfolg Ihres Internetauftrittes eine ganz geringe Rolle. Ich möchte Ihnen kurz erklären, warum dies so ist. Es spielt insofern eine Rolle, als das der Auftritt schon professionell aussehen sollte, was den allgemeinen optischen Eindruck betrifft.

Denn wenn Ihr Auftritt so aussieht, als wenn ihn ein 12-jähriger Schüler (nichts gegen Schüler) erstellt hätte, werden Sie in der Regel auch nichts verkaufen. Aber das Design ist nicht, so wie einige Webdesigner oder Marketingleiter dies gerne darstellen, das Wichtigste am Webauftritt.

Informationen will ich mir in der Regel vernünftig und in aller Ruhe durchlesen können. Text verkauft Ihr Produkt und nicht Ihre Bilder, Videos oder Audiopräsentationen. Der potenzielle Kunde will wissen, wofür er sein Geld ausgeben soll, d.h. Sie müssen ihm Ihr Produkt „schmackhaft" machen. Ich will doch auch vorher wissen, was für Vorteile ich vom Kauf Ihres Produktes habe. Mit anderen Worten, ich oder ein anderer Kunde möchte so viel wie möglich Einzelheiten über das Produkt wissen.

Ihre Aufgabe ist es, diese Fragen zu erkennen und schon im Vorfeld zu beantworten. Versetzen Sie sich in die Lage Ihres Kunden und denken Sie darüber nach, welche Fragen dieser wohl haben könnte. Stellen Sie die Antworten auf solche Fragen in einer FAQ (frequently asked questions – häufig gestellte Fragen) zusammen und nehmen Sie die wichtigsten davon auch schon als Erklärungen in Ihre Produktbeschreibungen mit hinein.

Denn je bestimmter Sie die Vorbehalte des Kunden gegen einen Kauf auflösen können, desto eher wird er sich für den Kauf entscheiden. In der Regel handelt es sich um

Spontankäufe, die der Käufer anderen hinterher mit Logik zu erklären versucht.

Mal ehrlich: Braucht man wirklich einen Mercedes, nur um von A nach B zu fahren?

Der Autohändler um die Ecke wird dann eher auf die Ergebnisse eingehen, die sich daraus ergeben, einen Mercedes zu fahren. Dies sind z.B.: Man genießt ein höheres Prestige, es ist ein Statussymbol (man hat es „geschafft"), man(n) hat mehr Erfolg bei Frauen etc.

Seiner Frau und seinen Nachbarn erklärt der Käufer dann, dass Ihm sein Mercedes mehr Sicherheit durch eine bessere Verarbeitung und höherwertige Materialien bietet. Er begründet den Entschluss also mit Logik.

Auch auf Ihren Webseiten müssen Sie dem potenziellen Käufer/der Käuferin deutlich machen, welche Vorteile es mit sich bringt, Ihr Produkt zu besitzen. Malen Sie dies in allen Einzelheiten aus, so dass der Leser sich dies bildlich vorstellen kann. Sie müssen es schaffen, dass der Interessent eine Art Film vor seinem geistigen Auge sieht, die ihn beim Erleben der von Ihnen geschilderten Eindrücke zeigen.

Wenn Sie ihm/ihr ein Gefühl vermitteln können, als wäre die entsprechende Person schon Besitzer/in Ihres Produktes, so haben Sie Ihr Ziel schon fast erreicht. Sie sind dem Verkauf einen guten Schritt nähergekommen. Stellen Sie ihm dann noch ein paar Fragen, die jeder normale Mensch mit „Ja" beantworten würde und seine Vorbehalte weichen dem Gefühl des Besitzes Ihres Produktes.

Je mehr Sie dem Käufer oder der Käuferin das Gefühl vermitteln können, wie schön es doch wäre, Ihr Produkt zu besitzen und das es die Lösung zu einem Problem darstellen könnte, desto eher wird er/sie alles daransetzen, in den Besitz Ihres Produktes zu kommen. Ihre Worte müssen den Kunden überzeugen und Sie müssen versuchen, sein Unterbewusstsein auf den Kauf einzustimmen.

Ein sehr gutes Buch, das die genauen ausschlaggebenden psychologischen Faktoren für eine Kaufentscheidung darstellt, ist Robert Cialdinis Buch: Die Psychologie des Überzeugens in welchem der Autor genau erläutert, wie sich

Menschen durch die richtige Wortwahl beeinflussen lassen. In den „Salesletters", also den Verkaufsbriefen der amerikanischen Internet Marketing-Experten, finden genau diese Techniken Anwendung.

Wenn Sie gut englisch sprechen, möchte ich Ihnen zudem mein absolutes Lieblings-eBook aus dem Bereich Verkaufsbriefe schreiben ans Herz legen: Order Button Triggers von Michael Nicholas und Frank Garon. Frank habe ich übrigens schon persönlich kennengelernt, als ich im August 2004 an seinem Workshop in Birmingham teilgenommen habe und wo er die einzelnen Order Button Triggers, also die Auslöser in einem Verkaufsbrief, die letzten Endes dazu führen, dass der Besucher den Bestellbutton klickt.

# Die wichtigste Aufgabe, die Ihr Webauftritt erfüllen muss

Die wichtigste Aufgabe, die Ihre Webseiten haben sollten, ist das Erfassen von Kontaktinformationen (die Mailadresse + Name).

Ja, Sie haben richtig gelesen.

Sie brauchen einfach die Möglichkeit, Ihre Interessenten wieder und wieder kontaktieren zu können. Nur hier liegt der eigentliche Gewinn verborgen. Wenn Sie keine Daten sammeln, haben Sie jeweils nur eine einzige Chance, einen möglichen Kunden zu gewinnen. Und zwar beim ersten Besuch des Interessenten!

Gelingt es Ihnen nicht, das Interesse zu wecken, ist dieser mögliche Kunde wahrscheinlich für immer verloren. Und die ganzen Ausgaben, die Sie bis dahin getätigt haben, um diesen einen Besucher auf Ihre Webseiten zu bekommen, sind ebenfalls verloren.

Aber, wenn Sie es schaffen, den Namen und die Mailadresse des Besuchers zu bekommen, haben Sie die Möglichkeit diesen Besucher wieder und wieder auf Ihre Seiten zu „locken". Hierbei müssen Sie sich natürlich an die Regeln halten und dürfen keinen Spam (z.B. lästige Werbe-Mails über Angebote von Mitteln, die gewisse Körperteile verlängern...) verschicken.

Wie das, werden Sie sich jetzt fragen...

Indem Sie ihm interessante Informationen anbieten, die mit Ihrem Themenbereich zusammenhängen. Also, wenn Sie eine Autowerkstatt haben, bieten Sie z.B. einen kostenlosen Report an, der da heißen könnte: „7 Tipps, um unnötige Reparaturen zu vermeiden".

Das Ganze können Sie dann über einen sogenannten Folge-Autoresponder anbieten und die Tipps würden in regelmäßigen Abständen (z.B. alle 2 Tage 1 Tipp) an den Interessenten rausgeschickt werden.

Ein Folge-Autoresponder ist nichts anderes, als eine Art Anrufbeantworter für Mails. Sie können diesen auslösen, indem Sie ihm direkt eine Mail schicken, oder indem Sie sich in ein Formular eintragen, dessen Inhalt wiederum an diese Mail-Adresse gesendet wird.

Man kann hierfür auf der Website ein Formular anbieten, wo sich der Interessent einträgt. Dies kann generell sehr einfach durch den Kopiervorgang von HTML-Quellcode in Ihren eigenen Quelltext erledigt werden. Wenn Sie dies nicht selbst können, so geben Sie Ihrem Webdesigner die entsprechenden Informationen. Dieser dürfte dann wissen, was zu tun ist.

Eine Mail, die an die Autoresponder-Adresse geschickt wird, löst den Autoresponder aus und eine erste, vorher einprogrammierte Nachricht wird automatisch (Auto-) an die Absender-Adresse rausgeschickt. Das Gute an diesen Folge-Autorespondern ist, dass man viele Nachrichten im Voraus programmieren kann (bei manchen sogar unbegrenzt viele).

Sie können somit automatisch das Vertrauen des Kunden gewinnen und ihn auf neue Angebote aufmerksam machen oder ihm andere Tipps für sein Fahrzeug geben (um bei dem Kfz-Meister zu bleiben...) u.ä.

Ziel dabei ist es, den Kontakt zu halten. Denn es kann ja sein, dass Ihr Angebot einfach nur zum falschen Zeitpunkt kommt, weil der Kunde vielleicht gerade kein Geld für eine Reparatur oder eine größere Anschaffung hat. Wenn Sie aber ständig mit ihm in Kontakt waren und ihm tolle Tipps gegeben haben, wie er Geld sparen kann oder wie er in einer bestimmten Sache bessere Ergebnisse erzielen kann, raten Sie mal, an wen er sich wendet, wenn er dann wirklich mal das Geld über hat bzw. erkennt, dass sich eine bestimmte Ausgabe nicht mehr vermeiden lässt?

Richtig – Er wird sich an Sie wenden. Weil Sie ihm immer wieder geholfen haben, wird er sich Ihnen gegenüber verpflichtet fühlen. Er möchte es wieder gut machen, dass er Ihnen für Ihre Hilfe bisher nichts geben konnte oder wollte, aus einer Art Verpflichtung heraus! Bei manchen wird ein solches Vertrauen in kurzer Zeit aufgebaut, bei anderen wiederum kann es Monate dauern, bis wirklich mal der Fall eintritt, wo dieser Interessent Ihre Hilfe gebrauchen könnte. Und dann sollten Sie da sein!

In der Regel braucht es mindestens 7 Kontakte, bevor der potenzielle Käufer auch nur daran denkt, bei Ihnen zu kaufen. Aber Ausnahmen bestätigen die Regel. Die Leute, die schon beim ersten Mal bei Ihnen kaufen, sind Interessenten, die Sie sofort als Käufer gewinnen konnten. Wenn sich Leute in Ihren Autoresponder eintragen, haben Sie jetzt etwas sehr Wertvolles: Sie haben eine Liste von Interessenten, denen Sie jederzeit gute Angebote machen können.

Diese Liste könnte zu Ihrem wichtigsten Besitz werden!

Es gibt zwei Sorten von Autoresponder. Zum einen gibt es Autoresponder, wo die komplette Einrichtung auf einem fremden Server erfolgt, bei einem sogenannten Autoresponder-Service oder aber es gibt die Möglichkeit, ein Skript auf Ihrem eigenen Webspace zu installieren und alle Mails die dann rausgehen, werden über Ihren eigenen Mailserver rausgeschickt.

Beide Versionen haben Ihre Vor- und Nachteile. Der größte Vorteil eines Autoresponder-Services liegt darin, dass die Aussendung der Mails Ihren eigenen Serverbetrieb nicht einschränkt und dass diese Dienste meist wesentlich schnellere Server/Leitungen haben, um diese großen Mengen an Mails bewältigen zu können. Dies ist bei einem Skript nicht möglich, da der eigene Mailserver benutzt werden muss. Und dies könnte den Server möglicherweise überlasten. Bei diesen Diensten ein Monatsbetrag fällig, so dass Sie hierdurch monatliche Fixkosten haben. Allerdings halten sich diese meistens in Grenzen.

Der Dienst, den ich benutze, heißt Klick-Tipp und ist dadurch gekennzeichnet, dass er von fast allen Top Internet Marketern in der Welt benutzt wird. Vor allen Dingen deshalb, weil Klick-Tipp sich um eine gute Kommunikation mit den großen Mail-Providern bemüht, wodurch es sehr selten passiert, dass man mal auf eine Blacklist kommt und die Mails die Empfänger nicht mehr erreichen.

Wenn Sie nicht nur vorbereitete Nachrichtenserien (z.B. Reporte) rausschicken wollen, sondern auch aktuelle News an Ihre Interessenten senden wollen, so brauchen Sie eine sogenannte „Broadcast-Funktion" mit anderen Worten, die Möglichkeit, Ihre Nachrichten jederzeit per Knopfdruck abschicken zu können, ohne erst lange darauf warten zu müssen, dass die Nachrichten, die zeitlich früher in der Warteschleife liegen, zugestellt wurden.

Broadcasting ist bei so gut wie allen kostenpflichtigen Autoresponderdiensten möglich. Bei Skripten ist dies allerdings nicht immer mit integriert, so dass Sie da wirklich aufpassen müssen, das Richtige zu erwischen. Wichtig bei diesen Kontaktaufnahmen per Autoresponder ist die Möglichkeit, Ihre Mails zu personalisieren. Ähnlich einem Serienbrief in MS Word, können Sie auch in Autorespondernachrichten Platzhalter einsetzen, die dann mit den aktuellen Kontaktdaten gefüllt werden.

So würde z.B. Sehr (Anrede) (Vorname) (Nachname), dann zu: „Sehr geehrter Herr Andreas Schneider" werden. Die Möglichkeit zur Personalisierung ist auch bei fast allen Onlinediensten gegeben. Dies ist ja auch wünschenswert, denn was liest ein Interessent lieber als seinen eigenen Namen, wenn er Mail-Nachrichten bekommt? Ein unpersönliches „Lieber Kunde", ist da einfach nicht die passende Anrede und eine denkbar schlechte Ausgangsbasis, um intensive Kundenbeziehungen aufzubauen, gerade im unpersönlichen Internet.

Also nutzen Sie diese Möglichkeit zur Personalisierung, wo immer Sie können!

## Den richtigen Preis wählen

In vielen Bereichen ist es nicht möglich, den Preis unter einem bestimmten Mindestpreis zu reduzieren, da Sie sonst Verluste machen würden. Eine Reduzierung ist oft deshalb nicht möglich, weil Sie feste Einkaufspreise haben und einen gewissen Prozentsatz draufschlagen müssen, um selbst Gewinne zu machen.

Was aber, wenn Sie Produkte haben, bei denen Sie den Preis selbst bestimmen können? Dies kann z.B. der Fall sein, bei diesem Produkt, das Sie gerade lesen. Im Prinzip kann man den Preis bei digitalen Produkten nie eindeutig festlegen. Es ist immer der Preis, bei dem der Käufer noch bereit ist, diesen zu bezahlen. Bei digitalen eBooks kommt es nicht auf die Anzahl der Seiten an, die Sie lesen können, sondern darauf, wie einzigartig und hilfreich der Inhalt ist.

Bei Produkten, die man an jeder Straßenecke kaufen kann, ist der Wert ein sehr geringer. Demgegenüber kann man für Spezialwissen fast jeden Preis verlangen, sei er auch noch so hoch. Oder wären Sie etwa nicht bereit, wenn jemand auf 20 Seiten darlegt, wie Sie 12.500 Euro im Monat verdienen können, 997 Dollar zu bezahlen? Es ist eine Frage des wahrgenommenen Wertes.

Wie können Sie jetzt herausbekommen, wieviel die Interessenten aus Ihrer Nische bereit sind, für Ihre Lösungen zu bezahlen?

Denn Sie müssen immer Lösungen für Probleme anbieten. Suchen Sie Probleme, finden Sie die Lösungen und verkaufen Sie diese als Informationsprodukt und Sie können reich werden! Im amerikanischen Internet-Marketing gibt es zahlreiche Experten, die nur durch den Verkauf von Informationsprodukten bzw. digitalen Produkten (auch Informationen per Video/Audio, sowie Softwarelösungen) zu

Multi-Millionären geworden sind. Leute gehen ins Internet, um Informationen zu suchen und zu finden.

Zunächst versuchen jedoch alle, diese Informationen gratis zu bekommen. Wenn dies nicht möglich ist, weil die Infos zu speziell sind, dann sind die Interessenten auch bereit, dafür Geld zu bezahlen. Die Höhe des Betrages hängt von der Größe des Problems ab!

Nochmal: Wie finden Sie denn jetzt den richtigen Preis?

Testen Sie den Preis Ihres Produktes!

Ja, durch Testen!

Das Testen eines bestimmten Preises funktioniert im Web durch das Durchführen sogenannter Split-Testings. Dabei haben Sie quasi zwei identische Seiten – zwei Verkaufsbriefe mit den gleichen Vorteilen und Nutzen für Ihre Kunden. Der einzige Unterschied ist der Preis.

Sicherlich fragen Sie sich jetzt, wie man die Besucher einer Website auf 2 verschiedene Versionen derselben Seite führen kann...

Dies geht durch ein Skript oder durch einen Online-Service.

Wenn Sie einen kleinen Code-Schnipsel in die Downloadseite einfügen, können Sie hinterher sehen, von welcher Saleslettervariante der Besucher kam. So können Sie anschließend, durch Einloggen in den Administrationsbereich, genauestens auswerten, wie viele Besucher bei einem Preis von z.B. 37 Euro und wie viele Besucher bei einem Preis von 67 Euro gekauft haben.

Dort, wo die Gewinnspanne am höchsten ist, lassen Sie Ihren Preis letzten Endes stehen! Natürlich ist es mit einem Mal testen nicht getan. Sie sollten auch die Zwischenschritte testen. Es kann ja auch sein, dass der optimale Preis nicht bei 37 Euro oder 67 Euro liegt, sondern bei 47 Euro oder 57 Euro oder noch irgendwie dazwischen. Das können Sie nur rausbekommen, indem Sie intensiv testen und die jeweiligen Ergebnisse vergleichen.

Das Testen hört im Prinzip nie auf, denn Sie können und sollten auch andere Bereiche Ihres Verkaufsbriefes testen wie Überschriften (mit das Allerwichtigste, was Sie online testen können!!) sowie die ersten Sätze, die in das Thema einführen, bessere Garantien, mehr Kundenstimmen usw.

So haben Sie die Möglichkeit, Ihre Konversionsrate (Verhältnis von Besuchern zu Käufern) zu bestimmen, die wichtig wird, wenn Sie Joint Venture-Vereinbarungen mit anderen Webseitenbetreibern eingehen wollen. Diese möchten natürlich vorher wissen, mit welchem Gewinn pro 100 Besucher diese denn rechnen können.

Wenn Sie bei Ihren Split-Tests feststellen, dass z.B. 3 Leute pro 100 Besucher Ihrer Webseiten Ihre Produkte auch kaufen, haben Sie eine hervorragende Ausgangsbasis, Verkaufspartner für Ihre Produkte zu finden. Und nicht nur bei digitalen Produkten sollten Sie daran denken, mit Partnern zu arbeiten.

Viele große Firmen wie u.a. Amazon, die Deutsche Post, Karstadt, Strato AG haben inzwischen ein Partnerprogramm gestartet und geben zwischen 5-20% Vermittlungsgebühr für die Partner aus.

# Die Lösung zum Problem anbieten

Ich fange wieder einmal mit digitalen Produkten an, da ich selbst hauptsächlich in diesem Bereich tätig bin. Wenn Sie ein digitales Produkt selbst erstellen und anderen diese Informationen zur Verfügung stellen wollen, müssen Sie sich zuerst fragen, welches Problem diese denn haben und wofür Sie Ihnen die Lösung liefern können.

Im Prinzip ebenfalls wieder nach dem Schema, dass ich dafür erstellt habe. Es geht jetzt darum, warum ich dieses vor Ihnen liegende Produkt überhaupt verfasst habe. Ich habe bei meinen diversen Recherchen festgestellt, dass es sehr viele Shop Betreiber oder aber überhaupt Leute im Internet gibt, die die Ziele für Ihre Website nicht erreichen. Sei es, mehr Produkte zu verkaufen, oder sei es, mehr Besucher dazu zu bewegen, sich für einen Newsletter oder Report einzutragen.

Daraus habe ich dann abgeleitet, dass hier Informationsbedarf herrscht. Nun musste ich nur noch abklären, woran es denn liegt, dass Websitebesitzer ihre Ziele nicht erreichen. Ich habe dies in Form von Fragen getan, damit Sie sich besser in die Lage hineinversetzen können und hoffentlich diese Fehler nicht begehen werden.

Durch meine langjährige Erfahrung im Verkauf über das Internet war ich mit der Thematik bereits hinreichend vertraut. Erst recht, seitdem ich mich ausführlich mit dem amerikanischen Internet Marketing beschäftige. Ich habe nämlich selbst 3 Produkte, die ich für den internationalen Markt erstellt habe und die ich über meine Websites erfolgreich vermarkte.

Nicht nur das, denn ich biete auf meiner Website auch Produkte von anderen Herstellern an, als Affiliate (Partner).

Bieten Sie Lösungen zu Problemen Ihrer Kunden an. Das zahlt sich oftmals aus!

Selbst wenn Sie keine digitalen Produkte anbieten, sollten Sie darauf bedacht sein, Lösungen für bestimmte Probleme anzubieten. Dies kann ja auch in der Form von Produkten sein, die spezielle Eigenschaften haben, wie z.B. längere Haltbarkeit, bessere Handhabung, strapazierfähigeres Material und ähnliche Vorteile.

Auch ein besserer Service kann die Lösung zu einem Problem darstellen. Wenn Sie beispielsweise einen Computer-Notdienst haben, dann könnten Sie wirklich einen 24 Stunden Dienst anbieten. D.h. notfalls würden Sie sogar nachts zu einem Kunden hinfahren, um seine Probleme zu beheben.

Denn man kann ja nicht davon ausgehen, dass solche Probleme wie der Verlust von wichtigen Daten, nur tagsüber auftreten. Ich selbst arbeite häufig auch nachts, insofern würde ich vielleicht sogar selbst einmal einen solchen Notdienst benötigen können.

Natürlich kostet es den Kunden auch mehr, aber ich denke, diesen Aufpreis sind die meisten dann auch gerne bereit zu zahlen, damit diese dann ohne Störungen weiterarbeiten können.

# Bestehenden Kunden pflegen

Dies ist eigentlich eine dumme Frage, da es jedem klar sein müsste, dass es wesentlich einfacher ist, einem bereits existierenden Kunden etwas zu verkaufen, als jemanden, der Sie überhaupt noch nicht kennt. Wenn er etwas gekauft hat, dann hat er also schon Vertrauen zu Ihnen gefasst. Beim Neukunden müssen Sie sich dieses Vertrauen erst hart erarbeiten.

Warum konzentrieren sich dann so viele nur auf die Gewinnung von Neukunden? Da liegt das eigentliche Problem. Viele, die online etwas verkaufen denken, es ist damit getan, wenn man einen Besucher gewonnen hat, der einem dann auch noch ein Produkt abkauft. Irrtum.

Es ist der erste Schritt, den Kunden auch für weitere Produkte seiner eigenen Produktpalette zu begeistern. Denn man muss immer den Langzeitwert eines Kunden bedenken.

Er mag Ihnen jetzt nur ein Produkt für 50 Euro oder gar 100 Euro abgekauft haben.

Aber wieviel wird er in Zukunft noch kaufen?

Wenn Sie diesen Wert ermitteln können und Ihnen klar wird, dass dieser eine Kunde im Laufe der Jahre rund, sagen wir mal 1.000 Euro ausgibt, dann erkennen Sie, dass Sie wesentlich höhere Beträge ausgeben können, einen Neukunden zu gewinnen. Und das, ohne Verluste zu machen. Sie müssen natürlich aber auch sehen, dass Sie Ihren bestehenden Kunden immer wieder neue Angebote machen, die diese ebenfalls interessieren könnten.

Keine Angebote, keine Verkäufe. So einfach ist das.

Genauso macht es ja beispielsweise Amazon, indem Sie einem direkt beim Kaufvorgang darauf aufmerksam machen, was andere Kunden gekauft haben, die sich ebenfalls für diesen Artikel interessiert haben. Dadurch ist die Chance hoch, dass auch Sie sich durch einen ähnlichen Artikel angesprochen fühlen und diesen dann auch kaufen. Zumindest bei mir persönlich hat eine solche

Produktempfehlung schon des Öfteren gewirkt und ich habe dann mehr Geld ausgegeben, als eigentlich geplant war.

Wenn Sie einen Newsletter haben, dann können Sie etwas Ähnliches machen.

Sie machen Ihren Kunden Ihre Produkte immer wieder schmackhaft und geben guten Kunden vielleicht sogar einen Rabatt. Es ist besser, auf einen Teil des Gewinnes zu verzichten, als vielleicht gar keinen zusätzlichen Gewinn zu machen!

## Was ist Ihr USP

Ein großes Problem, warum viele Ihre Produkte einfach nicht verkaufen können, ist die mangelnde Kommunikation über die Besonderheiten Ihres Produktes oder Ihrer Dienstleistung. Was ist denn an Ihrem Produkt besser, als bei dem gleichen Produkt, das von der Konkurrenz angeboten wird? Wenn Sie mir dies nicht klarmachen können, so können Sie mich beispielsweise nicht von der neuesten Version Ihrer Buchhaltungssoftware überzeugen.

Um bei der Software zu bleiben: Welche Vorteile bietet Ihre Software – ist sie einfacher zu bedienen, ist sie um Längen günstiger, bietet sie mehr Zusatzfunktionen, ist kostenloser Support für die Software beim Kauf enthalten?

**Nochmal: Was macht Ihr Produkt/Ihre Dienstleistung so besonders?**

Wenn Sie dem Kunden dies vermitteln können und es einfach nachvollziehbar und belegbar bleibt (versprechen Sie nichts, was Sie nicht auch wirklich einhalten können), dann haben Sie gute Chancen, dass der potenzielle Kunde sich wirklich für Ihr Produkt entscheidet.

Heben Sie immer das Besondere hervor. Dinge, die Sie und Ihre Angestellten vielleicht selbst schon vollkommen verinnerlicht haben, die aber für Ihre Kunden Neuland sein könnten. Wenn Sie z.B. ein Elektrogerät anbieten, dass erst hunderte von Falltests bestanden haben muss, bevor es ausgeliefert werden kann, dann sagen Sie dies Ihrem Kunden. Er wird sich darüber freuen, dass Sie ihm eine solch gute Qualität liefern können, dass selbst ein versehentliches Fallenlassen dem Produkt nichts anhaben kann.

Sie können einfach nicht davon ausgehen, dass jeder Kunde genau weiß, welche Qualitätsmaßstäbe Sie ansetzen. Sie müssen es ihm sagen. Gerade die Dinge, die mit dem Produktionsprozess verbunden sind, sind oft sehr aufwendig für Sie zu realisieren – der Kunde jedoch hat keine Ahnung, wie viele Mühen Sie auf sich genommen haben, um ihm „sein" Produkt liefern zu können.

Warum also eine Chance verschenken, sich von Ihrer Konkurrenz, die Ihren Kunden diese wichtigen Details vorenthält, abzusetzen? Je mehr Sie von sich und Ihren Produkten preisgeben, desto mehr Vertrauen können Sie aufbauen. Dieses

Vertrauen führt in der Regel zwangsläufig zu höheren Umsätzen.

## Kontaktdaten einfach finden

Es ist erschreckend, wie viele Websitebesitzer die einfachsten Regeln nicht einhalten können... Wie oft komme ich auf Webseiten, wo nicht einmal ein Menüpunkt „Kontakt" oder „Impressum" vorhanden ist. Dies ist unverzeihlich. Sollte der potenzielle Kunde einmal auf Ihre Seiten kommen und er findet keine Möglichkeit, Sie zu erreichen (Telefonisch oder per Mail), wenn er noch Fragen hat, glauben Sie, dass der Verkauf dann noch zustande kommt?

Viele Websitebetreiber machen es sich da etwas zu einfach. Sie sollten zwar so viel wie möglich automatisieren und sich durch die Technik das Meiste abnehmen lassen (wie durch den schon erwähnten Autoresponder), aber das gilt nur für den Aufbau der Kontakte, den Bezahlvorgang und die Lieferung der Produkte.

Keinesfalls sollten Sie jedoch den Fehler machen, überhaupt nicht mehr erreichbar zu sein.

Das ist mit Sicherheit ein „Verkaufskiller"!

Mir persönlich geht es so, wenn ich keinerlei Informationen über die Person/Firma finde, die ein bestimmtes Produkt anbietet, dann hat diese Person vielleicht auch Ihre Gründe

– eventuell, weil es sich um einen Betrüger handelt. Was haben ehrliche Leute denn zu verbergen? Zudem will ich schon gerne wissen, ob es sich um einen seriösen Anbieter handelt.

Es gibt einfach viel zu viele „schwarze Schafe" im Internet und durch die Anwendung solcher Auswahlkriterien habe ich persönlich nur sehr selten mit Betrügern zu tun gehabt. Allerdings ist es mir einmal passiert, dass ich einen Dienst für „expired Yahoo-Domains" abonnieren wollte, das Geld per PayPal rübergeschickt hatte und dann nie wieder was vom Betreiber der Seite gehört habe. Zum Glück handelte es sich nur um einen Betrag von 7,50 Dollar, aber auch das ist Geld.

Auch fehlende AGB sind nicht gerade verkaufsfördernd. Als Kunde möchte ich doch wissen, welche Rechte ich habe und ob ich die Produkte jederzeit umtauschen kann. Außerdem kann es ja auch im Bereich Lieferungen/ Lieferverzögerungen so viele Sonderregelungen geben, dass ich hier doch schon gerne vorher lesen möchte, woran ich bin. Sie nicht?

Dies gilt natürlich hauptsächlich für den Verkauf von Produkten, die erst noch zum Kunden geschickt werden müssen. Bei digitalen Produkten läuft das ein wenig anders, weil man ja sofort nach Bezahlung auf die Downloadseite weitergeleitet wird. In der Regel ist es so, dass fast jeder Anbieter von digitalen Produkten eine Geld-zurück-Garantie anbietet. Somit kann man, wenn man das Gefühl hat an ein minderwertiges Produkt geraten zu sein, sein Geld einfach zurückverlangen.

## Kundenstimmen – Warum?

Ein wichtiger Faktor für den Verkauf im Internet sind positive Kundenstimmen,

Kundenmeinungen (im Englischen „Testimonials") zu Ihrem Produkt. Diese sollten Sie unbedingt mit auf die Verkaufsseite draufnehmen, damit Ihre potenziellen Kunden sehen, dass auch andere Kunden sehr gute Erfahrungen mit

Ihren Produkten gemacht haben. Dies ist wesentlich effektiver, als dies nur selbst zu behaupten.

Es wirkt einfach wesentlich glaubwürdiger und kann einen sehr großen Schritt in Richtung Kauf für Ihren Interessenten bedeuten! Hierbei ist allerdings wichtig, dass die Testimonials auch glaubwürdig präsentiert werden. Also ein Testimonial von einem „Günter M. Aus K." Ist dabei vollkommen wertlos. Versuchen Sie, soviel wie möglich Kontaktdaten des Testimonialgebers mit hineinzunehmen (mit seinem Einverständnis natürlich), so dass man notfalls diese Person auch erreichen kann, um nachhaken zu können.

**So wäre das obige Testimonial von „Günter" wesentlich glaubwürdiger, wenn es so aussähe:**

„Sehr geehrter Herr XYZ,

ich möchte Ihnen für Ihren freundlichen Rat und ihre schnelle Hilfe bei meinem Grafikkartenproblem bedanken. Solch ein Service ist heutzutage nicht selbstverständlich. Ich werde Sie meinen Freunden und Bekannten weiterempfehlen.

P.S.: Dies können Sie ruhig so veröffentlichen, denn es ist vollkommen ernst gemeint."

Günter Mechtnich, Karslruhe

Dann hätte Ihr potenzieller Kunde jederzeit die Möglichkeit, die Echtheit dieser Kundenmeinung herauszubekommen. Das Fälschen von Kundenstimmen ist übrigens schon so etwas wie Betrug. Wenn Sie damit anfangen und so etwas herauskommt und sich rumspricht, dann können Sie schon mal damit aufhören, Ihre Hosting-Gebühren zu zahlen, da Sie in Zukunft sowieso kaum noch Einnahmen über Ihren Shop erzielen werden!

## Wer trägt das Kaufrisiko?

Bieten Sie eine Garantie für Ihre Produkte an?

Wenn nicht, so sollten Sie sich dies einmal gründlich überlegen. Wenn ein Kunde die Möglichkeit hat, bei Nichtgefallen das Produkt wieder zurück zu geben, dann ist die Chance wesentlich grösser, dass er kauft. Diese Geld-zurück-Garantie wird ja auch von vielen Supermärkten oder

Fachgeschäften praktiziert – also warum nicht auch von Ihnen?

Wenn zu viele Leute dies zu ihrem Vorteil ausnutzen würden, dann würde diese nicht angeboten werden. Sie wollen ja zufriedene Kunden und nicht Kunden, die einmal was kaufen, super enttäuscht sind und Ihren Freunden und Bekannten erzählen, was für ein schlechtes Geschäft das doch war, in dem Sie ihren Artikel eingekauft haben. Nichts verbreitet sich schneller als negative Mund-zu-Mund Propaganda...

Eine Umtauschgarantie fördert den Absatz Ihrer Produkte!

Deshalb gilt auch für Sie: Geben Sie dem Kunden die Möglichkeit, das Produkt umzutauschen.

Bei Produktionsfehlern oder schweren Mängeln müssen Sie dies ja sowieso schon tun. Warum nicht auch bei Nichtgefallen? Viele Dinge kann man nämlich nicht direkt in dem Geschäft sehen, in dem man es gekauft hat. Einige Mängel oder Nachteile des Produktes bemerkt man erst beim in Gebrauch nehmen. So könnte die tolle, neue 3D-

Grafikkarte, die Sie sich besorgt haben, aus unerfindlichen Gründen gerade bei Ihrem Lieblingsspiel streiken.

Da solche Grafikkarten in der Regel nicht sehr billig sind, muss eine solche Umtauschgarantie geboten werden. Auch wenn die Grafikkarte bei anderen 3D-Spielen funktionieren sollte.

Bei digitalen Waren, wie ich sie selbst anbiete, sollte eine Geld-zurück-Garantie auch selbstverständlich sein, da der Aufwand ein geringer ist, das Geld wieder zurück zu transferieren. Das Problem dabei ist allerdings, dass der Käufer die Ware nicht zurückgeben kann. Insofern könnte es schon einige geben, die diese Art der Garantie ausnutzen würden, um kostenlos an ein Produkt zu kommen. In meinen Augen ist dies allerdings nichts Weiteres als Betrug. Denn ein Buch aus dem Buchladen, dass Sie gelesen haben, können Sie ja auch nicht umtauschen, weil Ihnen der Inhalt nicht gefällt.

Es gibt allerdings auch schon Software, die solche eBooks schützt. Mit anderen Worten: Wenn ein Käufer von der Geld-zurück-Garantie Gebrauch macht, dann wird auch der

Zugang zum Inhalt „abgeschaltet". Die Lizenz zur Nutzung des Inhaltes ist dann verwirkt. So ist es dann doch für beide Seiten etwas gerechter. Aber selbstverständlich bin auch ich dafür, dass wenn der Autor wirklich nur „Müll" geschrieben hat, es kein Problem sein sollte, sein Geld zurück zu bekommen.

## Welche Zahlungsmöglichkeiten bieten Sie an?

Bei uns in Deutschland herrscht leider immer noch sehr große Skepsis, was die Bezahlung mit Kreditkarte betrifft. Dies ist sehr schade, da es eine der sichersten und bequemsten Zahlungsmethoden sein kann, wenn man gewisse Richtlinien einhält. Hierzu gehört, dass man nur von sicheren Quellen kauft, also von Leuten und Firmen, denen man vertraut.

Und zum anderen sollte man nur seine Kreditkartendaten eingeben, wenn es sich um eine sichere Verbindung handelt.

Diese können Sie daran erkennen, dass in der Adresszeile des Browsers ein https:// anstelle des üblichen http:// steht. Das „s" steht für „secure", also „sicher". Zusätzlich wird unten rechts im Browser ein kleines, geschlossenes Schloss eingeblendet, welches zusätzlich anzeigt, dass die Verbindung geschützt ist.

Somit handelt es sich dann um eine 1:1 Rechnerverbindung, ohne dass Ihre Daten erst über zig andere Server weitergeleitet werden, wie es sonst im Internet üblich ist.

Ich selbst kaufe hauptsächlich digitale Produkte wie Software und eBooks im Internet, sowie den Eintritt zu „Membership Sites", also Websites, die besondere Dienstleistungen und Produkte im Abo anbieten. Hierbei kaufe ich in der Regel auf Empfehlungen hin von Leuten, die im gleichen Bereich (Online-Marketing) tätig sind und deren Newsletter ich abonniert habe oder generell von bekannteren Größen im Internet Marketing, die sich über die Jahre hinweg einen gewissen Ruf erarbeitet haben.

Die beliebtesten Zahlungsformen im deutschsprachigen Internet: Rechnung und Lastschriftverfahren. Jedoch ist PayPal im Jahre 2020 weiter im Vormarsch.

Um wieder zum Kern zurück zu kommen: In Deutschland wird in der Regel nicht unbedingt die Kreditkarte zur Online-Bezahlung benutzt, sondern, wenn überhaupt, das Lastschriftverfahren. Dieses ist mit weitem Abstand vor der Kreditkarte in den Statistiken aufgeführt. Aber noch vor dem Lastschriftverfahren liegt der Wunsch des Käufers, per Rechnung bezahlen zu können. Womit dann allerdings das Risiko vom Käufer zum Verkäufer einer Ware verlagert wird.

Für den Verkäufer besteht das Risiko, dass die Rechnung einfach nicht bezahlt wird oder sehr spät bezahlt wird. Gerade bei sehr teuren Produkten, ist dies für den Verkäufer ein Risiko, was dieser oft nicht bereit ist, auf sich zu nehmen.

Allgemein gilt für Sie als Verkäufer: Bieten Sie dem Kunden so viele Zahlungsmöglichkeiten wie möglich, damit auf jeden Fall eine dabei ist, die ihm zusagt. Sonst könnten Sie alleine dadurch schon viele Kunden verlieren, indem Sie beispielsweise nur Kreditkarten akzeptieren. Lassen Sie sich beraten, welche Online-Bezahlsysteme im Internet die größte Akzeptanz aufweisen und die gleichzeitig die größte Flexibilität für den Kunden anbieten.

Ich persönlich benutze für den Verkauf meiner digitalen Produkte in deutscher Sprache, das Bezahlsystem von PayPal. Zum einen, weil es eine Tochterfirma von Ebay ist und dadurch mehr und mehr Verbreitung findet und zum anderen, weil es neben der Kreditkarte auch die Bezahlung per Online-Überweisung anbietet. Und für mich als Verkäufer ist es selbstverständlich auch wichtig, dass die Gebühren für diesen Service auch noch im Rahmen bleiben.

## Qualität oder Quantität?

Es ist nicht ratsam, immer nur die Preise der Konkurrenz unterbieten zu wollen. Der Preis ist nicht der einzige Faktor, der für einen Kunden ausschlaggebend sein kann. Wenn Sie Ihre Gewinne immer nur dadurch machen, billiger zu sein als andere, dann werden Sie irgendwann an eine Grenze stoßen. Ab diesem Punkt wird es für Sie dann nicht mehr rentabel sein, „der Billigste" zu sein.

Sie mögen dann zwar immer noch große Mengen verkaufen, aber die Einnahmen reichen vielleicht gerade mal so, um Ihre Kosten zu decken. Und dann wird eventuell eine große Handelskette „Ihr Produkt" in noch größeren Stückzahlen kaufen und Ihren Preis unterbieten können. Was bleibt Ihnen dann noch?

Sie hätten es dann versäumt, gleich zu Anfang ein USP zu erarbeiten, die auf mehr baut, als nur auf einen günstigen Preis. Seien Sie derjenige, der die größte Auswahl anbietet, der den schnellsten Lieferservice hat oder der einfach eine innige Beziehung zu seinen Kunden bietet, weil er zum Beispiel ständig mit seinen Kunden per Newsletter in Kontakt steht.

Man kauft doch eher von einem Freund oder einem „guten Bekannten", mit dem man schon lange Zeit zu tun hat, als von einer unbekannten Quelle, die zwar etwas billiger sein mag, aber wo der Service nicht stimmt oder keine richtige Beziehung aufgebaut wurde.

Online können Sie dies wirklich am besten durch einen Newsletter erreichen. So können Sie Ihren Kunden jederzeit

Tipps zur Pflege der Produkte geben, die diese bei Ihnen gekauft haben.

Oder Sie können Gewinnspiele arrangieren, oder einfach nur die neuesten Trends widergeben und dabei die eine oder andere Produktempfehlung geben. Auf diese Weise können Sie wesentlich mehr Umsätze machen, als jemand, der dies einzig und allein über den Preis und somit über eine große Quantität versucht. Es hängt natürlich auch vom Produkt ab.

Allerdings muss man sagen, wer heutzutage noch versucht, einen Online-Shop aufzubauen, der hat sehr schlechte Karten. Die großen Shops wie Amazon sind da kaum noch zu schlagen. Diese haben eine große Akzeptanz und haben sich das Vertrauen der Kunden bereits erworben. Diesen Schritt hätten Sie noch vor sich und gegen eine solche „Übermacht" der Riesenkonzerne ankommen zu wollen, gliche einem Kampf gegen Windmühlen.

Konzentrieren Sie sich lieber auf kleinere Nischenmärkte. Märkte, wo eine große Nachfrage nach Produkten herrscht, wo es aber kaum Anbieter gibt.

# Produkte alleine verkaufen

Es hat sich bei kleineren Firmen noch nicht so recht rumgesprochen, dass man für (fast) alles, was man online verkaufen kann, ein Partnerprogramm anbieten kann. Auch in Deutschland gibt es inzwischen Affiliate-Netzwerke, die einem den Einstieg in diese Art der Vermarktung verhältnismäßig einfach machen. Führende Netzwerke hier in Deutschland sind z.B. Digistore24 (http://www.digistore24.com) oder Clickbank (http://www.clickbank.com).

Das läuft dann so, dass man sich bei einem solchen Netzwerk anmeldet und diese Sie dann einer Kategorie zuordnen, z.B. Business. Interessierte Webmaster erhalten einen Überblick, in welchem die neuesten Programme dann regelmäßig vorgestellt werden. Viele Webmaster durchforsten aber auch von sich aus in wiederkehrenden Zeitintervallen diese Netzwerke, um nach neuen Einnahmequellen Ausschau zu halten.

Somit dürfte schon klar sein, dass die Nutzung eines solchen Netzwerkes nicht kostenlos ist. Sie müssen zum einen Gebühren an den Betreiber entrichten und an den Partner (Affiliate).

Der Partner enthält einen vorher festgelegten Anteil vom Verkaufspreis z.B. 25%. Ein anderes Modell wäre, den Partner auch schon für jeden Besucher zu entlohnen, den er in Richtung Ihrer Webseiten schickt.

Bezahlen Sie Ihre Partner nur für zustande gekommene Verkäufe!

Dies ist aber in der Regel nicht zu empfehlen, da Sie durch die Besucher alleine ja noch keine Einnahmen erzielen. Deswegen ist die weitaus bessere Lösung, Kommissionen erst an einen Partner zu bezahlen, wenn auch wirklich ein Verkauf zustande kommt. Denn dann haben Sie das Geld des Kunden bereits und müssen es nicht „vorschießen", wie beim Pay-Per-Klick Modell.

Damit die Performance eines Partners für alle nachvollziehbar und nachweisbar bleibt, werden ihm vom

Netzwerkbetreiber sogenannte Tracking-Links zugeteilt, mit denen er für Ihre Produkte dann Werbung auf seiner Website machen kann. Es können damit sowohl die Anzahl der Klicks, als auch die Anzahl der zustande gekommenen Verkäufe eindeutig belegt werden.

Somit müssen Sie keine Angst haben, Betrügern auf den Leim zu gehen, wie dies bei den Pay-Per-Klick Systemen der Fall sein könnte. Denn es ist ja im Prinzip ein Leichtes, jemanden zu finden, der regelmäßig auf solche Links klickt, woran der Partner (illegal) verdienen würde. Bei der Pay-Per-Performance wird hingegen auch nur dann etwas ausgezahlt, wenn ein Verkauf zustande gekommen ist.

## Von Konkurrenten lernen

Auch wenn Sie glauben, Sie könnten von Ihrer Konkurrenz nichts lernen, so wird es bestimmt irgendwelche Dinge geben, die für Kunden positiv ins Gewicht fallen können. Suchen Sie aktiv solche Dinge, die Sie bei Ihren Konkurrenten als positiv vermerken und sammeln Sie diese erst einmal als Ideen. Die Besten davon übernehmen Sie dann auch für Ihren eigenen Internetauftritt.

Solch eine Konkurrenzanalyse sollten Sie immer wieder mal von Zeit zu Zeit machen, damit Sie mit Ihrem eigenen Angebot nicht hinterherhinken und Sie wirklich auf der Höhe der Zeit bleiben. Tun Sie was nötig ist und geben Sie beispielsweise eine genauso lange Garantiezeit, schnelle Lieferzeit (z.B. 24h Express-Lieferung), größte Auswahl, Rabatte für Sammelbestellungen und, und, und...

Das, was Sie dann am besten können, was Ihr Markenzeichen wird, wie „der schnellste Lieferant von Schnullern im Internet", können Sie dann auch als USP verwenden. Diese USP müssen Sie und Ihre Mitarbeiter dann verinnerlichen und bei jedem Kundenkontakt erwähnen, damit auch der Kunde weiß, wofür Ihr Name steht.

Aber nicht nur, was die Behandlung von Kunden und die Kundenbeziehungen anbelangt sollten Sie von Ihren Konkurrenten lernen, sondern auch, was die Werbearten anbelangt.

Wo sonst noch macht Ihr Konkurrent Werbung? Beteiligt sich dieser an Diskussionen in den sozialen Netzwerken und Online-Foren? Ist er in wichtigen Business-Verzeichnissen eingetragen? Schreibt er Artikel für andere Blogs? Bringt er selbst einen Newsletter heraus?

Alles, was Ihnen positiv an seinen Werbemaßnahmen auffällt, sollten Sie übernehmen. Es kann Sie ja keiner daran hindern. Nur, was die Produkte selbst anbelangt, sollten Sie sich davor hüten, einfach nur abzukupfern!

## Sehen Ihre Anzeigen wie Anzeigen aus?

Es ist erwiesen, dass viele Leute eher über Produktempfehlungen eines guten Freundes oder einer vertrauenswürdigen Quelle ein bestimmtes Produkt kaufen, als über eine kostenpflichtige Anzeige. Das liegt daran, dass wir einfach mit Werbung überhäuft werden. Ob im Radio, im Fernsehen, in Zeitschriften, auf Reklameplakaten, auf

Bussen und U-Bahnen – überall will uns jemand beeinflussen, bestimmte Produkte zu kaufen.

Viele haben sich deshalb schon ein „dickes Fell" angelegt und gelernt, diese Art der „Dauerberieselung" mit Werbung zu ignorieren. Auch ich selbst ärgere mich häufig über z.B. die vielen Werbeunterbrechungen im privaten Fernsehen. Mein Griff geht dann schnell zur Fernbedienung und ich schalte einen Sender ein, wo gerade keine Werbung läuft (ist meistens schwer zu finden, da komischerweise die Werbeblöcke immer zur gleichen Zeit zu liegen scheinen).

Was aber ist mit den Werbeanzeigen, die wir sehen wollen?

Diese werden dann leider mit ausgeblendet. Als Beispiel möchte ich da einmal Werbung für große Kinofilme nennen. Wenn z.B. angekündigt würde, wann genau der letzte Teil vom Prequel von „Star Wars" ins Kino kommt, so würde ich schon daran interessiert sein. Zudem würden in einer solchen Werbung dann wahrscheinlich auch schon Ausschnitte gezeigt werden.

Lassen Sie Ihre Anzeigen nicht wie Anzeigen aussehen. Verfassen Sie Berichte und Beurteilungen zu einem bestimmten Produkt und Sie werden wesentlich bessere Ergebnisse erzielen, als wenn Sie ein Produkt direkt anpreisen und daneben schreiben „Kauf mich".

Sie müssen Ihren Kunden schon einen Grund geben, warum diese ein bestimmtes Produkt kaufen sollen. Bei meinen digitalen Produkten, die ich vorstelle, mache ich es auch so, dass ich ein Produkt erst selbst kaufe und benutze und es meinen Newsletter-Abonnenten erst dann empfehle, wenn ich weiß, dass dieses Produkt meinen Qualitätsmaßstäben, die ich bei so etwas ansetze, auch gerecht werden.

Produkte, die ich nicht kenne oder von denen ich nicht zu 100% überzeugt bin, empfehle ich gar nicht erst. Denn man kann sich mit einer falschen Empfehlung auch viel Vertrauen wieder zerstören und verliert dabei nebenher dann noch gute Kunden.

# Bezahlen Sie für jede Werbung?

Es gibt auch die Möglichkeit in anderer Form, als nur mit bezahlten Werbeanzeigen Kunden zu gewinnen. Warum schreiben Sie nicht einmal eigene Artikel über Ihr Fachgebiet, die Sie anderen Newslettern zur Veröffentlichung anbieten? Dieses kostet Sie nicht mehr als Ihre Zeit. Aber die Auswirkungen für Ihre Website können enorm sein.

Denn Sie haben immer die Möglichkeit, an das Ende Ihres Artikels eine „Ressource Box" mit anzufügen, in der sie dem Leser erklären, wer Sie sind und was Sie machen. So können Sie eine Menge neuer Kunden gewinnen, denn diese möchten natürlich bei Fachleuten kaufen und wie kann man seine Expertise besser unter Beweis stellen, als direkt über sein Fachgebiet zu schreiben?

Im internationalen Online-Marketing, ist es eine der Hauptmöglichkeiten, einen gewissen Bekanntheitsgrad zu erreichen und natürlich auch mit den Produkten, die man herausgibt und für die Ihr Name steht.

Wenn Sie einen eigenen Newsletter herausbringen, können Sie auch mit anderen Newsletter-Herausgebern Werbeplätze tauschen. Das heißt, Sie veröffentlichen eine Werbeanzeige in Ihrem Newsletter und der Partner eine von Ihnen in seinem. Hierbei sollte man allerdings schon darauf achten, dass die Anzeige auch für Ihre Abonnenten relevant und interessant ist. Wenn ich einen Newsletter über Smartphones herausbringe, will ich natürlich keine Anzeigen schalten, die Vogelzucht zum Thema haben.

In ähnlicher Weise können Sie auch Werbeplätze auf Ihrer Website tauschen. Am Effektivsten ist es aber, wenn Sie aktiv auf die Suche nach Linkpartnern gehen. Ein Linktausch bietet Ihnen die Möglichkeit, Kontakt mit Websitebesitzern aufzunehmen, die gleiche oder verwandte Themengebiete anbieten. Das ist in zweierlei Hinsicht ideal: Zum einen werden Sie von den Suchmaschinen besser bewertet, da Sie einen Link von einer Domain haben, die für Ihr Thema relevant ist und zum anderen können Sie direkt von der Domain selbst interessierte Besucher bekommen.

# Zeitmanagement

Viele Online-Shop Besitzer machen den Fehler sich zu sehr in die Details zu verstricken, die kein Geld bringen. Sie plaudern stundenlang mit Kunden, statt auch diese wissen zu lassen, dass Ihre Zeit kostbar ist. Sie halten sich zu lange in den Chatrooms und Newsgroups auf und knüpfen zwar Kontakte, die wichtig sein könnten, aber „verplappern" sich dabei. Legen Sie eine Höchstdauer für solche Aktivitäten fest und sagen Sie Ihrem Gegenüber, dass um eine bestimmte Uhrzeit Schluss ist.

Planen Sie Ihren Tag und tragen Sie Ihre wichtigsten Aufgaben in einen Terminplaner ein.

Wichtig ist auch, dass Sie eine einmal angefangene Aufgabe auch zu Ende bringen. Wenn Sie sich beispielsweise vorgenommen haben, das Design Ihrer Website „auf Vordermann" zu bringen, dann laden Sie nicht eine halb fertige Website hoch und machen Sie kein Baustellenschild auf die nicht fertigen Seiten.

Nichts ärgert einen potenziellen Kunden mehr, als wenn er Dutzende von Seiten mit Baustellenschildern findet oder gar Fehlermeldungen angezeigt werden wie „Seite nicht gefunden". Nutzen Sie Ihre Zeit sinnvoll. Damit meine ich, nutzen Sie Ihre Zeit hauptsächlich für die Promotion Ihrer Webseiten und verbringen Sie Ihre Zeit nicht zu sehr mit Dingen, über die Sie keine Einnahmen erzielen.

Gerade, wenn Sie direkt von zu Hause arbeiten, sollten Sie sich immer darüber im Klaren sein, dass es viele Ablenkungen geben wird. Diese können, wenn Sie sich zu sehr häufen, der Grund dafür sein, dass Sie einfach kein Land in Sicht sehen.

Deshalb: Lassen Sie Freunde und Familie wissen, dass Sie zu bestimmten Zeiten keine Zeit haben, selbst wenn Sie zu Hause sind. Auch Telefonanrufe sollten möglichst erst dann erfolgen, wenn Sie Ihr Arbeitspensum für den Tag geschafft haben.

Aus persönlicher Erfahrung weiß ich, wie schnell ein Telefonat mal eben ein oder zwei Stunden verschlingen kann. Meistens arbeitet man diese Stunden dann eben nicht länger, sondern macht ganz normal zu seiner festgelegten Zeit Schluss (z.B. um 18:00 Uhr).

Solange Sie noch nicht über eine Mailingliste verfügen (oder diese noch weit unter 1000 Abonnenten ist), sollten Sie den Hauptteil Ihrer Zeit damit verbringen, nach Wegen zu suchen, Ihre Mailingliste zu vergrößern und sich auch nicht scheuen, bis spät in die Nacht hinein zu arbeiten.

Erst wenn dies geschafft ist, können Sie es ruhiger angehen lassen. Denn dann kann es wirklich verhältnismäßig einfach werden, Geld zu verdienen und zwar indem Sie eine Mail an Ihre Liste schicken, wo Sie ein gutes Produkt anpreisen, wo für Sie hohe Kommissionen bekommen.

# Zielgruppengerechte Werbung

Viele machen bei Ihren Werbeaktivitäten den Fehler, einen Rundumschlag zu machen, nach dem Motto: „Irgendeiner wird schon kaufen!". Das mag ja sein, aber diese Streuwerbung ist einfach zu teuer und zu wenig effektiv. Um

Ihnen ein Beispiel zu geben: Sie versuchen Katzenfutter zu verkaufen und machen Newsletter-Werbung in einem Newsletter, bei dem das Hauptthema „Haustiere" allgemein ist.

Nun werden sicher auch einige Katzenfreunde unter den Abonnenten sein, aber es sind dann halt auch viele dabei, die einen Hund, Vögel, Fische oder gar Reptilien halten. Mit anderen Worten, nur ein Bruchteil der Leser gehört zu Ihrer Zielgruppe. Und von diesen ist zudem noch ungewiss, wie viele den Newsletter dann auch wirklich so intensiv lesen, dass Ihre Anzeige interessant genug ist, um zu Ihrer Website rüber zu klicken.

Wesentlich einfacher wäre es doch, wenn Sie Ihre Anzeige in einem Newsletter platzieren, in dem eine Katzenliebhaberin Tipps und Tricks zur Pflege von z.B. Perserkatzen gibt. Dann haben Sie nämlich nur interessierte Leser, für die Ihr Produkt genau das Richtige sein könnte, weil z.B. Ihr Katzenfutter genau die Vitamine enthält, die den Katzen ein glänzendes, samtweiches Fell verleihen. Das wäre doch etwas, wofür diese Katzenfreunde bereit wären, Geld auszugeben.

Es ist in Deutschland sowieso schon so, dass für die lieben Haustiere fast schon mehr Geld ausgegeben wird, als für die eigenen Kinder, aber das ist ein anderes Thema...

Werben Sie nur in relevanten, zielgruppengerechten Medien!

Um es einmal zusammenzufassen: Sie sollten versuchen herauszufinden, wo sich Ihre potenziellen Kunden online aufhalten. Wenn Sie wissen, dass diese bestimmte Online-Foren besuchen, in denen sich über das Thema Ihrer Produkte ausgiebig unterhalten wird, dann nehmen Sie an diesen Unterhaltungen teil. Glänzen Sie durch Fachwissen und geben Sie Antworten auf Fragen, die nicht jeder beantworten kann.

In den meisten Foren haben Sie dann auch eine Möglichkeit, eine Signatur zu hinterlassen. Dies ist ein kleiner Anhang an Ihr Posting, was direkt unter Ihrer Antwort mitveröffentlicht wird. So schlagen Sie gleich zwei Fliegen mit einer Klappe: Sie machen sich einen Namen als Experte in Ihrem Themenbereich und Sie geben Interessenten die Möglichkeit, mehr über Sie zu erfahren.

Gleichzeitig machen Sie so ganz diskret Werbung für Ihre Produkte. Machen Sie allerdings nicht den Fehler, eine direkte Werbeanzeige in solch einem Forum zu posten. Dies ist unverzeihlich und kann dazu führen, dass Sie vom Forum ausgeschlossen werden!

Halten Sie sich immer an die „Netiquette", also an die Spielregeln, die für die Benutzung eines solchen Forums gelten.

## Produktpalette regelmäßig erweitern

Bei den amerikanischen Online-Marketing Experten herrscht ein Schlagwort vor, dass das Denken und Handeln der Anbieter enorm beeinflusst: „Multiple Streams of Income". Dies bedeutet nichts anderes als „Vielfältige Einkommensströme", mal ganz frei übersetzt. Mit anderen Worten, man verlässt sich nicht nur auf ein einziges Produkt, sondern versucht so viel Produkte wie möglich, getrennt voneinander anzubieten.

Wieso getrennt voneinander? Gute Frage. Durch zahlreiche Tests hat man festgestellt, dass je grösser die Auswahl und Vielfalt bei den digitalen Produkten ist, desto schwerer wird es überhaupt etwas zu verkaufen, weil sich der potenzielle Käufer einfach nicht entscheiden kann. Je weniger Möglichkeiten Sie ihm geben, desto eher wird er das Produkt kaufen.

Denn jetzt hat er nicht mehr die Wahl zwischen Produkt A, B, C, D, E sondern, wenn er nur die Informationen zu einem einzigen Produkt hat, nur die Wahl zwischen Kauf oder Nichtkauf. Dies nennt sich auch eine „Direct Response Website". Also man erzwingt eine direkte Entscheidung des Käufers für oder gegen das Produkt. Dies macht man für jedes weitere Produkt, das man verkaufen will.

Wenn Sie jetzt alles auf eine Karte setzen und insgesamt nur ein einziges Produkt anbieten, verlieren Sie eine Menge potenzieller, weiterer Gewinne.

Gerade bei Produkten, bei denen es richtige „Fangruppen" gibt, die alle möglichen verwandten Produkte kaufen würden, verschenken Sie die Möglichkeit des

„Backends". Das Backend sind Produkte, die Sie Ihrem Kunden anbieten, nachdem Sie Ihr Frontend-Produkt verkauft haben.

## Frontend, Backend – was soll das?

Machen Sie Lockangebote, damit der Besucher sich schneller für einen Kauf bei Ihnen entscheidet!

Es handelt sich um ein sehr wichtiges Prinzip. Das „Frontend" sollten Produkte sein, die es dem Kunden sehr einfach machen, sich für das Produkt zu entscheiden. In der Regel nennt man dies auch „Lockangebote". Somit sind dies also Produkte, an denen man kaum Gewinne macht. Ziel ist es eigentlich nur, den Kunden erst einmal in den Laden zu bekommen, oder in unserem Fall, ihn erst einmal auf die Website zu bekommen.

Gewinne machen Sie in der Regel kaum mit diesen Lockangeboten. Denn dafür sind Ihre Backend-Produkte gedacht. Denn hat der Kunde sich erst einmal dafür entschieden, bei Ihnen einzukaufen, wird er sich vielleicht noch wesentlich häufiger dazu entschließen, bei Ihnen zu kaufen. Selbst, wenn Sie Ihre Produkte dann nur noch zum Normalpreis anbieten.

Da liegen dann die Gewinne. Und nicht beim ersten Verkauf.

Dieser ist nämlich nur dazu da, den Kunden erst einmal für sich zu gewinnen. Weswegen produziert wohl z.B. der Mediamarkt ständig Flyer und Prospekte mit Super-Sonderangeboten und verteilt diese in den Haushalten und in Zeitschriften mit hoher Auflage?

Richtig, ich hatte es ja bereits gesagt: Um den Kunden erst einmal in den Laden zu bekommen. Ist er dann erst einmal da, dann nimmt er statt dem günstigen Produkt vielleicht auch noch zwei andere Produkte und vielleicht noch ein Computerspiel mit. Dann hat der Mediamarkt zwar keinen Gewinn am initialen Produkt gemacht, aber an den anderen Produkten.

Und die Chance ist groß, dass der Kunde das nächste Mal, wenn er etwas Derartiges wieder braucht, erneut dort hinfährt, um etwas zu kaufen. So müssen auch Sie es machen. In diesem Fall können Sie nämlich schon ein wenig von den Großen lernen, auch wenn diese ein wesentlich höheres Werbebudget haben.

Aber das Prinzip ist schon genial.

Da mein Spezialgebiet der Verkauf von digitalen Produkten ist, werde ich in meinem nächsten Beispiel wieder dabeibleiben. Auf amerikanischen Websites ist es üblich, kostenlose Reporte anzubieten, die einem die Lösung zu verschiedenen Problemen in Kurzform bieten. Dies kann z.B. eine Erklärung dazu sein, wie man seine Newsletter-Abonnentenzahlen sehr stark erhöhen kann.

Um einen solchen Report herunterladen zu können, muss man sich in der Regel in ein Autoresponder-Formular eintragen und man bekommt den Downloadlink zugeschickt. In diesem Fall ist das Frontendprodukt der kostenlose Report. Man macht keine Gewinne daran, aber das Beste daran ist, dass man jetzt eine Mailadresse hat, an die man weitere, verwandte Angebote schicken kann.

Dies kann man so lange machen, bis die Person das beworbene Produkt kauft, oder sich aus dem Autoresponder wieder austrägt.

## Der Experte auf Ihrem Gebiet?

Ich muss leider häufig bei meinen Streifzügen durch die Online-Welt erleben, dass viele, die im Netz etwas anbieten, keinerlei Erfahrungen mit den Produkten haben. Um es mal ganz lapidar auszudrücken, Karl Huber stellt einen Shop mit Computerteilen ins Netz, obwohl er ein absoluter Laie im PC-Bereich ist.

Was glauben Sie, wie es ankommt, wenn ich als Kunde jetzt eine technische Frage zu den Produkten habe, die Karl Huber anbietet, beispielsweise, „welche Auflösung bieten die Grafikkarten, die Sie anbieten und wieviel RAM-Speicher haben diese?". Und Sie können diese Frage nicht beantworten.

Glauben Sie, dass Sie mir als Interessenten irgendwann noch einmal etwas verkaufen können?

Deswegen heißt es auch online: „Schuster bleib bei Deinen Leisten". Also verkaufen Sie möglichst nur Produkte, von denen Sie etwas verstehen. Produkte, mit denen Sie schon jahrelange Erfahrungen haben. Und wenn dies noch nicht der Fall sein sollte, dann machen Sie sich wenigstens vorher schlau und versuchen Sie alles über die Produkte in Erfahrung zu bringen, was von Bedeutung sein könnte.

Versuchen Sie sich in die Lage des Kunden hinein zu versetzen und beantworten Sie die Fragen, die der Kunde möglicherweise haben könnte, bereits vorab. Dies kann z.B. in Form einer FAQ (frequently asked questions – häufig gestellte Fragen) der Fall sein. Damit nehmen Sie ihm schon die Argumente, die ihn möglicherweise gegen einen Kauf entscheiden lassen.

Um bei dem Computerzubehörbeispiel zu bleiben – Was spricht dagegen, alle technischen Daten des Teiles auf einer extra Seite aufzuführen? Gehen Sie nicht davon aus, dass der Kunde diese Fragen schon von selbst stellen wird und auf Sie zukommt. Ein Teil der Besucher mag dies möglicherweise tun, aber ein anderer Teil wiederum wird die Website verlassen und zum nächsten Anbieter rüber klicken!

Das ist dann wieder ein verlorener Kunde...

Sie können gar nicht genug Informationen geben. Der Kunde kann dann aber immerhin selbst entscheiden, welche dieser Informationen er brauchen und verwerten kann.

## Produkte und Dienstleistungen tauschen

Wenn Sie Erfolg im Internet haben wollen, sollten Sie sich nicht nur als „Einzelkämpfer" präsentieren, sondern versuchen, Partner zu gewinnen. Sei es für den Verkauf Ihrer Produkte oder einfach nur, um Produkte, die Sie persönlich voranbringen können, günstiger zu bekommen.

Was meine ich damit?

Sie sollten sich auf lebenslanges Lernen einstellen. Wann immer sich die Möglichkeit bietet, auf Ihrem Gebiet besser zu werden, mehr Erfahrungen zu sammeln, zu einem Experten zu werden, sollten Sie die Gelegenheit nutzen. Mit anderen Worten, Produkte, die Ihr Spezialwissen erweitern, sollten Sie auch versuchen zu bekommen, wenn Sie gerade ein schmales Budget haben.

Und zwar durch Tauschen...

Ja, genau. Dieses altbewährte Prinzip, dass es schon seit Tausenden von Jahren gibt, kann auch heute noch gute Verwendung finden. Lassen Sie mich Ihnen ein Beispiel geben.

Nehmen wir einmal an, ich sei Webdesigner. Ich interessiere mich für eine Marketing-Software, die ein bekannter Entwickler herausgebracht hat. Dieser ist zwar ein toller Entwickler, aber seine Website sieht aus, als wenn er sie mit Vorlagen erstellt hätte.

Was mache ich also?

Ich biete ihm an, seine Website professioneller zu gestalten und möchte von ihm dafür eine Kopie seiner Software haben, die mir einige Marketingaktivitäten enorm erleichtern würde.

Glauben Sie, dieser würde ein solches Angebot ablehnen? Warum sollte er? Er hat den ganzen Programmieraufwand bereits hinter sich und kann jetzt ein fertiges Produkt tauschen und bekommt ebenfalls eine Leistung, die ihm sehr große Vorteile bringt, da er durch seine professionellere Website jetzt wesentlich mehr Exemplare seiner Software verkaufen kann.

Seien Sie einfach kreativ! Welche Spezialkenntnisse oder Fähigkeiten besitzen Sie, die für andere von Nutzen sein könnten? Eine andere Tauschform wäre beispielsweise ein Werbeplatz auf Ihrer Website oder in Ihrem Newsletter im Austausch für ein Produkt, dass Sie gerne hätten.

Wenn der Tauschpartner ein guter Geschäftsmann oder eine gute Geschäftsfrau ist, dann wird die Person gerne darauf eingehen, da kostenlose Werbung ein gefragtes Gut ist. Immerhin können dadurch weitere Kunden gewonnen werden und ohne Einsatz von Kapital ein Gewinn erzielt werden!

## Bestellvorgang so einfach wie möglich halten

Ein häufiger Grund, warum Kunden einen Bestellvorgang abbrechen, ist, dass diese mit dem Bestellvorgang an sich überhaupt nicht klarkommen. Wenn Sie beispielsweise ein Shopping-Cart-System benutzen, dann sollten Sie darauf achten, dass die Bedienung so einfach gehalten ist, dass selbst Kinder damit keine Schwierigkeiten hätten, dieses System zu bedienen.

Wichtig ist vor allen Dingen auch, dass das System einfache Möglichkeiten zur Korrektur der Bestellmengen anbietet. Denn wenn sich der Kunde einmal vertan hat, sollte es natürlich auf einfache Weise möglich sein, die einmal eingetragene Bestellmenge zu korrigieren. Wenn dies nicht geht, oder zu kompliziert ist, kann es sein, dass Sie den Kunden verlieren.

Denn er wird sich dann nicht länger mit diesen „unprofessionellen" Seiten rumärgern wollen und schließt dann einfach das Bestellfenster. Sie können nicht davon ausgehen, dass „Otto-Normalverbraucher" sich im Online-Bereich genauso gut auskennt wie Sie und im Schlaf weiß, welchen Button er klicken muss, um eine bestimmte Aktion durchzuführen.

Deswegen, wenn es doch etwas komplizierter sein sollte, stellen Sie auf jeden Fall noch eine kurze Bedienungsanleitung auf Ihrer Website zur Verfügung, die die wichtigsten Funktionen Ihres Bestellsystemes erklärt. Nach Möglichkeit sollten Sie aber immer Shopping-Software einsetzen, die ein Benutzer intuitiv bedienen kann. Wenn nicht gerade erforderlich, sollten Sie auf ein Shopping-Cart-System ganz verzichten und eher auf das „gute, alte Bestellformular" zurückgreifen.

Dies gilt natürlich nur für Einzelangebote. Wenn Sie Ihre Produkte in Katalogform einstellen, dann dürften die Mengen der Artikel allerdings zu groß sein, um in einem Bestellformular vernünftig dargestellt werden zu können.

## Haben Sie zu viele Links auf den Seiten?

Für ein positives Kauferlebnis Ihrer Kunden ist es wichtig, dass Ihre Seiten eine klare, konsistente Benutzerführung bieten. Wenn ein Besucher den Link zu Ihren Produktdetail-Seiten einmal oben vorfindet, dann wieder links und ein anderes Mal unten, dann wird ihn dies schnell verwirren oder gar verärgern.

Sorgen Sie dafür, dass zum einen das Grunddesign immer gleich ist und dass die wichtigen Links auf Ihrer Website immer an den gleichen Stellen zu finden sind.

Wenn Sie Produkte verkaufen, dann ist es wichtig, dass Sie nur solche Links anbieten, die ihn dann auch zu einem Kauf führen.

Machen Sie es ihm nicht zu schwer, Ihr Produkt dann auch zu erwerben. Wie oft bin ich schon auf Seiten gekommen, wo ein Produkt in allen Einzelheiten beschrieben wurde und mir alle Vorteile im Einzelnen aufgelistet wurden, aber es gab einfach keinen Link zu einem Bestellformular, keine Möglichkeit zu bestellen.

In Gedanken hatte ich mich schon mit dem Produkt gesehen, es in Händen gehalten und mir ausgemalt, wieviel Freude es mir machen würde, das Produkt zu besitzen und dann das.

Keinen Bestellbutton oder Link zu haben oder ihn irgendwo zu verstecken, wo er nicht auffällt, ist ein riesiger Fehler. Glauben Sie ich würde mich noch einmal durch Dutzende von Links klicken, nur um zu entdecken, dass ich wieder nicht bestellen kann?

Nein, ich würde die Website verlassen, Google bemühen und mir einen neuen Anbieter suchen.

Wenn Sie ein einzelnes Produkt verkaufen, sollten Sie möglichst einen Verkaufsbrief gestalten. Was meine ich damit? Ich meine, Sie sollten möglichst alle Vorteile des Produktes auf eine Seite bringen und den Kunden sich vorstellen lassen, wie es wäre, Ihr Produkt zu besitzen.

Warum wohl lassen fast alle Autohändler Ihre Kunden Probefahrten machen? Richtig, weil der Kunde sich schon als Besitzer des Wagens fühlen soll. Er soll richtig spüren, was für ein Gefühl es ist, plötzlich 250 PS statt 75 PS „unter der Haube" zu haben.

Der Kunde wird verführt!

Genauso müssen auch Sie es machen. Aber da Sie im Internet keine Probefahrt machen oder den Kunden das Produkt auch nur anfassen lassen können, müssen halt Ihre Worte das Produkt verkaufen.

Dies ist in der Regel die Aufgabe von hochbezahlten Werbetextern (der Verdienst fängt bei rund Euro 100-150 Euro die Stunde an...). Viele dieser Leute sind so hochbezahlt, weil sie es schaffen, mit Worten zu verführen. Wenn Sie diese Fähigkeit selbst besitzen, können Sie Tausende von Euro verdienen!

**Die Elemente eines Verkaufsbriefes sind hierbei:**

Eine aussagekräftige, für den Kunden hochinteressante Werbeüberschrift, eine neugierig machende Einleitung, so dass der Kunde den Rest des Textes lesen will, Kundenrezensionen und Testimonials, viele kleine Subheadlines (Zusatzüberschriften innerhalb des

Verkaufstextes), eine Geld-zurück-Garantie, und ein P.S., in dem die wichtigsten Fakten noch einmal zusammengefasst werden.

Wenn Sie innerhalb des Verkaufstextes zu viele Links mit reinnehmen, lenken Sie den Kunden nur ab. D.h. Wenn überhaupt Links, dann nur am Ende des Verkaufsbriefes, wenn er die Details zu Ihrem Produkt bereits kennt und auch schon weiß, ob er kaufen will, oder nicht.

## Interessenten ausreichend Informationen geben

Bei meinen Recherchen zu Produkten für die ich mich interessiere, kommt es immer wieder vor, dass Websites mein gesuchtes Produkt zwar anbieten, aber so gut wie keine Zusatzinformationen geben. Es wird gar nicht erst versucht, mir als potenziellen Käufer das Produkt „schmackhaft" zu machen, weil die Beschreibungen einfach viel zu kurz geraten sind.

Wie soll ich als Käufer denn eine positive Kaufentscheidung fällen, wenn ich nicht einmal die wichtigsten Daten z.B. zu einem Smartphone bekomme, den ich gerne kaufen möchte? Da bleibt dann meist nur der Klick zum „Schließen-Button". Muss ich meine Recherchen halt woanders weiterführen... Nur, wenn ich dann erst einmal weg bin, werde ich zu diesem Händler auch nicht mehr zurückkommen!

Dann kaufe ich halt da, wo mir diese Zusatzinformationen angeboten werden und wo auch die anderen Faktoren wie Preis und Qualität, sowie Lieferbedingungen stimmen. Deshalb sei nochmals gesagt: Geben Sie Ihrem potenziellen Kunden so viel wie möglich Informationen, damit er möglichst eine positive Kaufentscheidung treffen kann.

Dies reicht von technischen Daten eines Gerätes bis hin zu den Gründen, warum er gerade von Ihnen kaufen sollte (USP) und welche Vorteile ihm das Produkt bietet. Je ausführlicher und bildhafter Sie diese Details schildern, desto höher die Wahrscheinlichkeit, dass Sie genau das richtige Verkaufsargument hervorbringen.

# Prägnante Domain wählen

Also mal ehrlich: Wo würden Sie eher ein teures Produkt kaufen? Beim Online-Fachhändler, der zudem noch eine Geld-zurück-Garantie anbietet oder bei einem No-Name Wald-und-Wiesen Anbieter?

Eigentlich eine dumme Frage, oder...?

Ohne Startkapital wird es auch im Internet schwer, etwas zu erreichen!

Warum gibt es dann so viele im Internet, die glauben, ohne die geringsten Investitionen viel Geld einnehmen zu können? Es ist einfach so: Man muss Geld investieren, um Geld verdienen zu können! Ein Offline-Geschäft würden Sie doch auch nicht ohne Startkapital eröffnen können, oder?

Was soll ich als potenzieller Käufer denn von jemandem halten, der sich nicht einmal einen eigenen Domainnamen und Webhosting leisten kann? Es genügend Leute, die auch für teure Produkte so etwas versuchen. Das funktioniert einfach nicht...

Man muss schon ein wenig Kapital investieren, wenn man Gewinne erzielen will. Und das Webhosting für Ihren eigenen Namen im Web ist nun wirklich nicht zu teuer, wenn man weiß, wo man danach schauen muss.

Versuchen Sie nach Möglichkeit, Ihren Namen mit einem passenden Schlüsselbegriff zu kombinieren. Schon besser würde sich somit http://www.smartphonekramer.de/ anhören oder http://www.smartphone-ruettger.de/.

Die Bindestriche zwischen den Bezeichnungen können ganz hilfreich sein, damit die Suchmaschinen bestimmte Schlüsselwörter besser erkennen können. Über lange Zeit hat dies einen nennenswerten Vorteil gebracht, aber heutzutage ist es wichtiger, Qualitätslinks von anderen Websites zu bekommen. Schlüsselbegriffe im Domainnamen sind nicht mehr ganz so wichtig, wie noch vor einigen Jahren.

Aber bitte, tun Sie sich den Gefallen und bestellen Sie einen eigenen Domainnamen, wenn Sie im Internet Geld verdienen wollen, Ihr Konto wird es Ihnen danken!

Der Domainname ist inzwischen auch zu einer Form des „Branding" geworden, also zur Möglichkeit, sich selbst bekannter zu machen.

Deswegen sollten Sie sich auf jeden Fall auch Ihren eigenen Namen sichern, sowohl als *.de, als auch als *.com Domain.

## Was ist Ihre Nische - Haben Sie sich spezialisiert?

Viele Leute, die versuchen über das Internet Geld zu verdienen, setzen auf das Prinzip: „Je mehr ich auf meinen Webseiten anbiete, desto eher wird schon etwas dabei sein, was dem Besucher gefällt und was er dann kauft."

Hierbei gleichen die Seiten dann oft einem großen Supermarkt, wo aus jeder Abteilung einige Produkte ins Web gestellt werden. Da gibt es dann Staubsauger neben Videorekordern und Digitalkameras neben den neuesten Herrendüften aus der Parfümerieabteilung. Leider funktioniert ein solches „Sammelsurium" von Produkten online nur sehr selten – eher gar nicht.

Dies gelingt in der Regel nur Anbietern, die sich schon offline etabliert haben und mit dem Internet jetzt neue Wege gehen wollen. Ein Beispiel hierfür wäre die Warenhauskette „Schlecker", die auf ihren Webseiten alles verkauft von Computerspielen bis zum neuesten Elektrogrill.

Da brauchen die Leute von Schlecker nur immer deren Webadresse in die Offline-Werbung mit hineinzunehmen (z.B. in den Prospekten und bei der Werbung in Zeitschriften) und schon haben diese auch Besucher auf Ihren Webseiten. Wenn Sie aber selbst so etwas versuchen, dann geht dies in 75% der Fälle schief (es sei denn, Sie haben sich ebenfalls bereits offline etabliert).

Was wäre denn Ihr USP, wenn Sie von allem etwas anbieten, ohne wirklich auf einem Gebiet Spezialist zu sein? Wenn ich die Wahl habe, meine neue Grafikkarte bei einem PC-Spezialisten einzukaufen oder bei einem Händler, der nicht nur Computerteile, sondern auch Versicherungen und Reisen über seine Webseiten verkauft, dann raten Sie mal, wo ich kaufe...!

Dieses Thema liegt mir besonders am Herzen, da ich im Rahmen meiner Tätigkeit als Webdesigner und Suchmaschinenoptimierer eines Tages eine Anfrage bekam, ob ich nicht die Seiten von XYZKiosk.de (URL geändert) optimieren könne. Als ich mir die Seiten ansah, bekam ich einen Schreck...

Es war wirklich so etwas, wie ein „Kiosk". Völlig unzusammenhängende Themenbereiche unter einer URL vereint. Der erste Fehler war schon gleich auf der Hauptseite, wo man von einem mit lauter Musik untermaltem Intro begrüßt wurde.

Ich suchte den Button zum Abstellen, aber es gab keinen. Man musste dann einen weiteren Link klicken, der zur Hauptseite führte.

**Dort gab es dann folgende Links:**

- Gardinen
- Handys
- Fitness-Geräte
- DVDs

Nun frage ich Sie: Wie soll man eine solche Seite optimieren?

Das geht kaum, da diese Menüpunkte nun wirklich so gar nichts gemeinsam haben. Mein Vorschlag an den Interessenten war somit, die einzelnen Bereiche auf neue, jeweils für die Suchbegriffe optimierten Domains unterzubringen, damit diese thematisch eigenständig sein würden. Er scheint meinen Vorschlag irgendwie nicht so richtig verstanden zu haben oder aber er hat die Kosten gescheut, die es mit sich bringt, 4 Domains zu unterhalten... Ich habe nichts mehr von diesem Interessenten gehört.

Beim Kunden kommt es wesentlich besser an, wenn Sie sich auf ein Gebiet beschränken, wie z.B. Smartphones. Sie haben es dann auch wesentlich einfacher, zielgruppengerechte Werbung zu machen und auch in den Suchmaschinen wird sich dies in besseren Platzierungen niederschlagen.

Das heißt aber nicht, dass Sie nicht mehrere dieser Spezialisten-Shops im Web aufmachen können.

Im Gegenteil: Durch das Aufkommen von Partnerprogrammen gibt es keine Beschränkungen mehr, da Sie nicht mehr selbst die Lieferung vornehmen müssen. Sie erhalten dann einfach eine Kommission von einem anderen Anbieter. Wenn Sie also merken, dass mit Ihrem eigenen Shop noch nicht voll ausgelastet sind, dann können Sie Ihr Einkommen mit solchen Affiliate-Sites noch ergänzen und vervielfachen.

Die erzielten Kommissionen werden Ihnen in der Regel ein Monat nach den erfolgten Verkäufen gutgeschrieben. Auch wenn Sie noch keine eigenen Produkte haben, ist dies der ideale Einstieg in das Geldverdienen über das Internet.

## Newsletter anbieten

Zurzeit gibt es kaum ein besseres Kundenbindungssystem als einen Newsletter. Wie sonst wollen Sie Ihre Interessenten und Kunden regelmäßig erreichen? Zu einer anderen Frage hatte ich ja bereits erwähnt, dass ein Newsletter eine gute Sache ist. Denn Sie können nicht unbedingt erwarten, dass die Leute Ihre Seiten bookmarken und damit hätten Sie nur eine einzige Möglichkeit, den Interessenten für Ihre Produkte zu interessieren.

Haben Sie aber erst einmal die Mail-Adresse, so ist es nicht weiter schwer, mit Ihren Interessenten und Kunden in Kontakt zu treten, da Sie ja deren Erlaubnis haben. Da es in letzter Zeit aber immer schwerer geworden ist, die legitimen Mails von Spam-Mails zu unterscheiden, sollten auch Sie auf

Nummer sichergehen und einen Double-Optin Anmeldeprozess anstreben. Was heißt das?

Double-Opt-In bedeutet nichts weiter, als das der Kunde einen weiteren Link anklicken muss, bevor er wirklich Nachrichten von Ihnen bekommen darf. Mit anderen Worten: Er bestätigt noch einmal seine Absicht, Ihren Newsletter zu abonnieren. Dies ist wichtig, damit nicht wahllos Mail-Adressen von wildfremden Leuten in Ihr Anmeldeformular eingetragen werden können, die Sie dann des Versendens von Spam beschuldigen können.

## Versprechen einhalten

Wenn Sie in der Produktbeschreibung bestimmte Vorteile für den Kunden erwähnen und was er alles Tolles mit Ihrem Produkt anstellen kann, dann sollten Sie selbstverständlich nur solche Eigenschaften aufführen, die Ihr Produkt auch wirklich bietet. Wie oft liest man Werbebotschaften, wo einfach nur maßlos übertrieben wird.

Es ist Ihre Aufgabe dafür Sorge zu tragen, dass sich die bildhafte Werbesprache und die Realität im Gleichgewicht halten. Sagen Sie niemals Produkteigenschaften zu, die ihr Produkt nicht auch wirklich anbietet. Sonst ist klar, dass Sie Ihre Kunden schnell wieder verlieren können. Oder schlimmer gar, die Produkte, die Ihre Kunden bereits gekauft haben, werden Ihnen als Reklamationen wieder zurückgeschickt!

Auch der Bruch von Lieferzusagen ist ein absoluter Vertrauenskiller. Sagen Sie Ihrem Kunden die Lieferung in drei Tagen zu, obwohl Sie nichts mehr auf Lager haben und Sie erst nachbestellen müssen, dann wird sich Ihr Kunde nach zuverlässigeren Lieferanten umsehen.

Das ist ja auch keinem zu verdenken, denn gerade im Internet zählt Geschwindigkeit. Wer online bestellt, will seine Ware schnell - möglichst schon am nächsten Tag.

Je besser Sie dies schaffen, desto zufriedenere Kunden haben Sie.

Diesem Prinzip bleibe auch ich selbst treu, da bei digitalen Produkten in der Regel alles direkt nach der Bezahlung zum

Download bereitsteht und der Kunde somit innerhalb kürzester Zeit das Produkt nutzen kann.

Und wenn Sie merken, die Verkäufe laufen nicht so gut, dann hilft nur eines. Testen, Testen und Testen! Denn wer entscheidet darüber, bei welcher Werbeüberschrift Ihr Kunde sich zu einem Kauf entscheidet – Sie oder Ihr Kunde? Natürlich der Kunde.

Warum aber, bleiben so viele Verkäufer bei einer einmal gewählten Werbeüberschrift, auch wenn Sie irgendwann merken, dass keiner kauft? Nicht Sie selbst entscheiden, ob Sie den Nerv des Kunden mit Ihrer Werbeaussage treffen, sondern der Kunde selbst, indem er kauft oder es aber sein lässt!

**Testen Sie immer wieder die wichtigsten Elemente Ihres Verkaufsbriefes:**

- Die Elemente, die unbedingt getestet werden sollten, sind folgende:

- Werbeüberschrift – Das allerwichtigste Element, dass Sie auf Ihren Seiten testen können

- Einleitungsparagraph – Wenn der erste Teil Ihres Verkaufsbriefes langweilig wirkt und den Leser nicht fesselt, wird er nicht den ganzen Text lesen und dementsprechend Ihr Produkt nicht kaufen

- Seiten mit oder ohne zusätzliche Grafiken

- Zusätzliche Bestelllinks weiter oben im Text

- Verbesserung der Garantie (z.B. 60 statt 30 Tage)

- Der Preis

- Das Angebot selbst - Fügen Sie Bonus-Produkte hinzu, die thematisch mit Ihrem Produkt zu tun haben und sehen Sie, wie sich die Verkaufszahlen entwickeln

Testen Sie Ihre Produkte und Webseiten, dann werden sie konstant bessere Ergebnisse bei Ihren Umsätzen sehen und diese nach oben skalieren können.

# Schlusswort

Ich hoffe, Ihnen haben meine Ausführungen weitergeholfen, zu erkennen, wo momentan bei Ihrem Angebot noch Schwachpunkte liegen und was Sie tun können, um diese zu beseitigen.

Online-Marketing ist auch kein Sprint, sondern ein wahrer Langlauf. Ergebnisse werden sich erst nach einiger Zeit herausstellen, geben Sie also unter keinen Umständen zu früh auf.

# Online-Marketing Grundlagen

## Haftungsausschluss:

Die Benutzung dieses Buches und die Umsetzung der darin enthaltenen Informationen und Methoden erfolgt ausdrücklich auf eigenes Risiko. Haftungsansprüche gegen den Autor für Schäden materieller oder ideeller Art, die durch die Nutzung oder Nichtnutzung der Informationen verursacht wurden, sind grundsätzlich ausgeschlossen. Das Werk inklusive aller Inhalte wurde unter größter Sorgfalt erarbeitet. Der Autor übernimmt jedoch keine Haftung für die Aktualität, Korrektheit, Vollständigkeit und die Qualität der bereitgestellten Informationen. Druckfehler und Falschinformationen können nicht vollständig ausgeschlossen werden. Für fehlerhafte Angaben des Autors kann ebenso keine juristische Verantwortung sowie Haftung übernommen werden!

**Urheberrecht:**

Dieses Werk, einschließlich seiner Teile, ist urheber-rechtlich geschützt. Jede Verwertung außerhalb der engen Grenzen des Urheberrechtsgesetzes ist ohne die ausdrückliche schriftliche Zustimmung des Autors unzulässig. Dies gilt insbesondere für elektronische oder sonstige Vervielfältigung, Übersetzung, Verbreitung und öffentliche Zugänglichmachung.

Online-Marketing Grundlagen

© Heiko Boos

Erste Auflage 2022

Alle Rechte vorbehalten.

Nachdruck, auch auszugsweise, verboten.

Kein Teil dieses Buches darf ohne schriftliche Genehmigung des Verfassers in irgendeiner Form reproduziert, vervielfältigt oder verbreitet werden!

# Online-Marketing Grundlagen

Online-Marketing Grundlagen

Kontakt:

Heiko Boos

Am Steinsteg 66

76879 Bornheim

heiko.boos@gmx.de

www.ingramcontent.com/pod-product-compliance
Lightning Source LLC
Chambersburg PA
CBHW070256220526
45465CB00004B/1635